Yours to Keep
Withdrawn/ABCL

P9-AFA-782

EL SISTEMA MUSCULAR

Libros sobre el cuerpo humano para madrugadores

POR REBECCA L. JOHNSON

EDICIONES LERNER • MINNEAPOLIS

3 9075 03714236 8

Traducción al español: copyright © 2007 por ediciones Lerner
Título original: *The Muscular System*
Texto: copyright © 2005 por Rebecca L. Johnson

Todos los derechos reservados. Protegido por las leyes de derechos de autor internacionales. Se prohíbe la reproducción, almacenamiento en sistemas de recuperación de información y transmisión de este libro, ya sea de manera total o parcial, de cualquier forma y por cualquier medio, ya sea electrónico, mecánico, de fotocopiado, de grabación o de otro tipo, sin la autorización previa por escrito de Lerner Publishing Group, excepto por la inclusión de citas breves en una reseña con reconocimiento de la fuente.

La edición en español fue realizada por un equipo de traductores nativos de español de translations.com, empresa mundial dedicada a la traducción.

ediciones Lerner
Una división de Lerner Publishing Group
241 First Avenue North
Minneapolis, MN 55401 EUA

Dirección de Internet: www.lernerbooks.com

Las fotografías presentes en este libro se reproducen con autorización de: © Richard Cummins, págs. 5, 9, 41; © Diane Meyer, págs. 6, 8, 25, 38, 46, 47; © Tom Myers, págs. 7, 12, 13, 21, 28, 43; © Tom Rosenthal/SuperStock, pág. 10; © Todd Strand/Independent Picture Service, págs. 11, 15, 31; © CNRI/Photo Researchers, Inc., págs. 14, 32; © Kent Wood/Photo Researchers, Inc., pág. 16; © SPL/Photo Researchers, Inc., págs. 19, 34, 39; © Karlene Schwartz, pág. 23; © PhotoDisc Royalty Free de Getty Images, pág. 24; © CLEO Photography, págs. 26, 30, 35, 48; © Sally Myers, pág. 27; © Royalty-Free/CORBIS, pág. 29; © Dee Breger/Photo Researchers, Inc., pág. 36; © Larry Reynolds/dogpix.com, pág. 40; © SuperStock, pág. 42. Ilustración de portada: copyright © 2004 Nucleus Medical Art. Todos los derechos reservados. www.nucleusinc.com. Ilustraciones cortesía de Laura Westlund, págs. 4, 17, 18, 20, 22, 33, 37.

Library of Congress Cataloging-in-Publication Data

Johnson, Rebecca L.
    [Muscular system. Spanish]
    El sistema muscular / por Rebecca L. Johnson.
      p. cm. — (Libros sobre el cuerpo humano para madrugadores)
    Includes bibliographical references and index.
    ISBN-13: 978-0-8225-6254-2 (lib. bdg. : alk. paper)
    ISBN-10: 0-8225-6254-5 (lib. bdg. : alk. paper)
    1. Muscles—Juvenile literature. I. Title. II. Series.
    QP321.J54518 2007
    612.7'4—dc22   2006000316

Fabricado en los Estados Unidos de América
1 2 3 4 5 6 – JR – 12 11 10 09 08 07

CONTENIDO

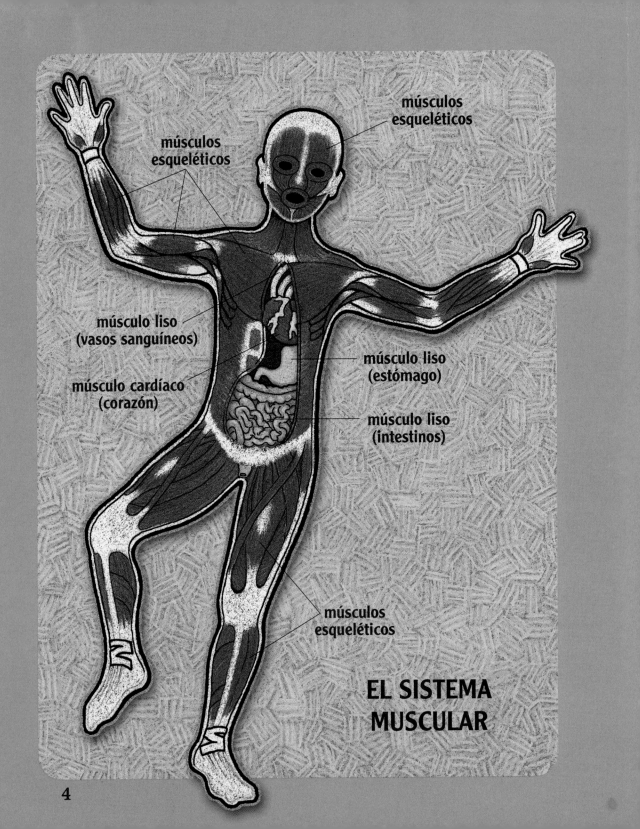

músculos esqueléticos

músculos esqueléticos

músculo liso
(vasos sanguíneos)

músculo cardíaco
(corazón)

músculo liso
(estómago)

músculo liso
(intestinos)

músculos
esqueléticos

**EL SISTEMA
MUSCULAR**

DETECTIVE DE PALABRAS

¿Puedes encontrar estas palabras mientras lees sobre el sistema muscular? Conviértete en detective y trata de averiguar qué significan. Si necesitas ayuda, puedes consultar el glosario de la página 46.

bíceps	músculo cardíaco	órganos
células	músculo	oxígeno
cerebro	esquelético	tendones
contraer	músculo liso	tríceps
fibra muscular	nervios	vasos sanguíneos
microscopio	nutrientes	

CAPÍTULO 1

¿CÓMO SE MUEVE EL CUERPO?

¿Qué es lo que los músculos te permiten hacer?

Cada vez que das un paso, pestañeas o sonríes, lo haces gracias a los músculos. Los músculos hacen que te muevas. Algunos movimientos son grandes, como saltar un charco o batear. Otros movimientos son pequeños, como levantar una ceja o tamborilear con el dedo sobre la mesa.

Se puede ver cómo trabajan algunos músculos.
Trata de "sacar músculo" con el brazo. ¿Ves el
bulto del músculo debajo de la piel?

Algunos músculos se pueden ver bajo la piel.

Otros músculos del cuerpo no se pueden ver. Al tragar, unos músculos empujan los alimentos al estómago y los músculos del estómago los mezclan. Los músculos del corazón bombean sangre por todo el cuerpo.

En la acción de tragar participan músculos que no se ven.

Los músculos te ayudan a realizar todo lo que haces.

Necesitas a los músculos para casi todo lo que haces. No es de extrañarse que tengas cientos de músculos. Todos ellos forman el sistema muscular. Este sistema trabaja junto con otros sistemas y aparatos del cuerpo para que puedas vivir y estar sano. Te ayuda a realizar todo lo que haces.

Para levantar una manzana usas músculos que puedes controlar.

Puedes controlar algunos músculos. Puedes hacer que se muevan con sólo pensarlo. Supongamos que quieres levantar una manzana. Primero estiras el brazo y la rodeas con los dedos. Luego la levantas. Tú decides que quieres hacer eso y los músculos lo hacen.

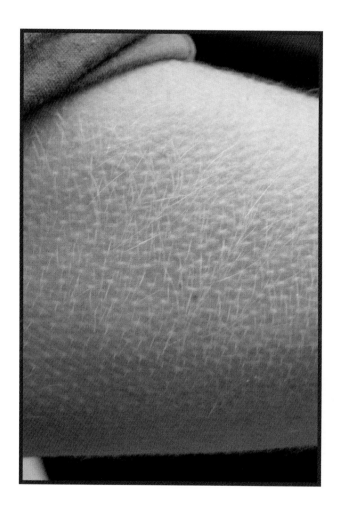

Por más que lo intentes, no podrías controlar los músculos que te ponen la piel de gallina.

Hay otros músculos que no puedes controlar, sin importar cuánto lo intentes. No puedes hacer que la comida baje al estómago más rápidamente. No puedes hacer que tu corazón lata más lentamente. Estos tipos de músculos funcionan de manera automática.

Todos los músculos se parecen en una cosa importante. Todos se contraen o acortan. Cuando un músculo se contrae, mueve la parte del cuerpo a la que está unido.

Al contraerse, los músculos mueven partes del cuerpo.

Cuando tu bíceps se contrae, el antebrazo se mueve hacia arriba.

Puedes ver los músculos del brazo que se contraen. El músculo grande de la parte superior del brazo se llama bíceps. Cuando el bíceps se contrae, el antebrazo se mueve hacia arriba. Tócate el bíceps derecho con la mano izquierda. Dobla el codo derecho. ¿Sientes cómo el bíceps se contrae al mover el antebrazo hacia arriba?

CAPÍTULO 2

CÓMO FUNCIONAN LOS MÚSCULOS

Los músculos están hechos de muchas fibras musculares. ¿De qué tamaño son estas fibras?

Cuando se contraen, los músculos mueven partes del cuerpo. ¿Pero cómo se contraen?

Los músculos están formados por células. Estas células se llaman fibras musculares y son más delgadas que un cabello.

Dentro de cada fibra muscular hay cientos de fibrillas, formadas a su vez por fibrillas más delgadas. Las más delgadas de todas se superponen como dedos entrelazados.

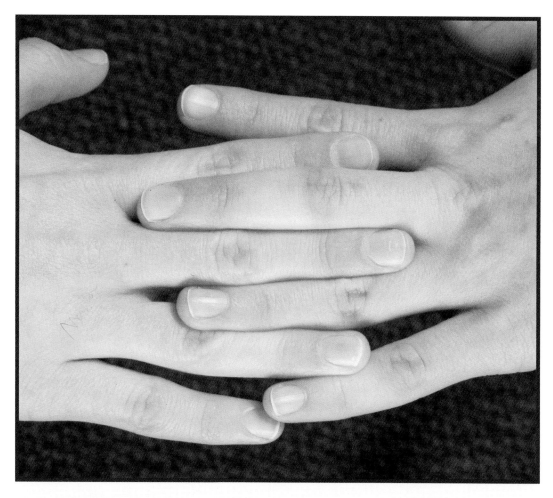

Las fibrillas más delgadas de las fibras musculares se superponen como dedos entrelazados.

El cerebro controla el cuerpo y le envía mensajes todo el tiempo. Los mensajes llegan a todas partes del cuerpo a través de los nervios. Los nervios llegan a todos los músculos y están en contacto con cada fibra muscular.

Los nervios transportan mensajes a las fibras musculares.

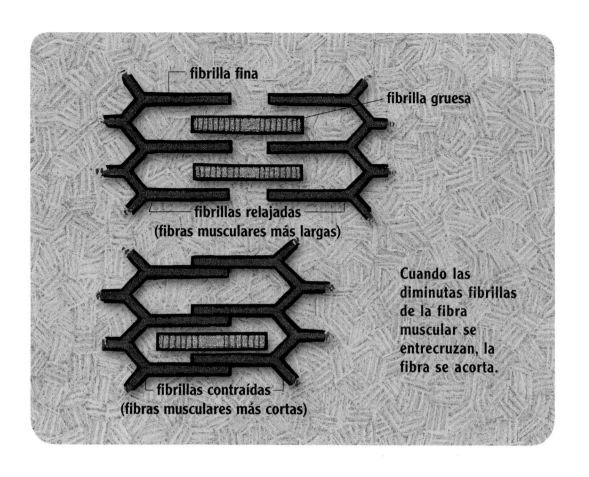

fibrilla fina

fibrilla gruesa

fibrillas relajadas
(fibras musculares más largas)

Cuando las diminutas fibrillas de la fibra muscular se entrecruzan, la fibra se acorta.

fibrillas contraídas
(fibras musculares más cortas)

Cuando un mensaje llega a una fibra muscular, las diminutas fibrillas que la forman se mueven para entrecruzarse unas con otras. De esta manera, la fibra se acorta.

A medida que las fibras se acortan, todo el músculo se contrae y tira de la parte del cuerpo a la que está unido, haciendo que se mueva.

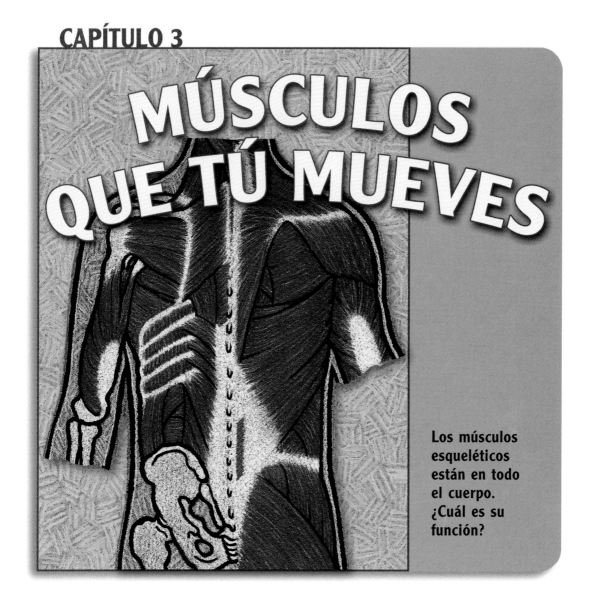

CAPÍTULO 3

MÚSCULOS QUE TÚ MUEVES

Los músculos esqueléticos están en todo el cuerpo. ¿Cuál es su función?

Hay tres tipos distintos de músculos en el cuerpo. Los tres tipos están hechos de fibras musculares que se contraen, pero cada tipo de músculo cumple una función especial.

Los músculos que puedes controlar se llaman músculos esqueléticos. El bíceps es uno de estos músculos. Los músculos esqueléticos tienen fibras musculares largas y delgadas. Al microscopio, las fibras tienen un aspecto estriado.

Las células de los músculos esqueléticos parecen un atado de paja con rayas.

La mayoría de los músculos esqueléticos están unidos a los huesos. Cuando se contraen, tiran de los huesos a los que están unidos. Los huesos no se pueden mover sin la ayuda de los músculos.

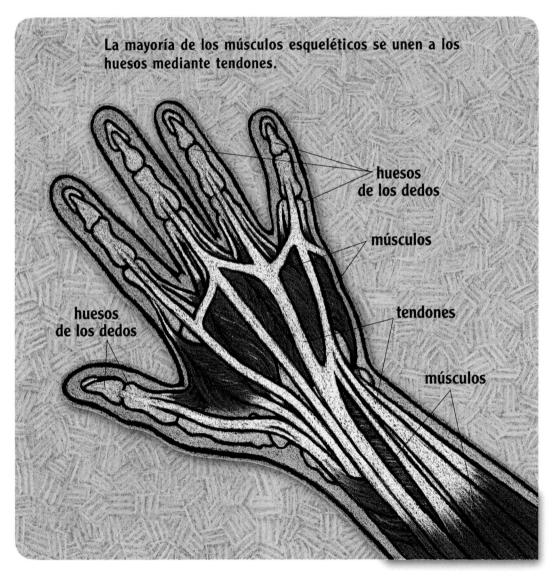

La mayoría de los músculos esqueléticos se unen a los huesos mediante tendones.

huesos de los dedos

músculos

huesos de los dedos

tendones

músculos

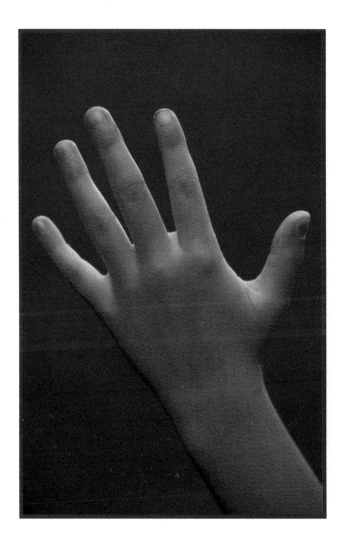

Los tendones conectan los músculos a los huesos. Mueve los dedos. ¿Ves cómo se mueven los tendones?

Los tendones conectan los músculos a los huesos. Observa el dorso de tu mano. Intenta mover los dedos. ¿Ves los cordones que se mueven bajo la piel? Son los tendones que conectan los músculos del antebrazo a los huesos de los dedos.

Ningún hueso se puede mover sin ayuda de un músculo, pero los músculos sólo pueden tirar; no pueden empujar. Por eso, muchos músculos esqueléticos vienen de a dos; uno tira de un hueso en una dirección y el otro lo hace en la dirección opuesta.

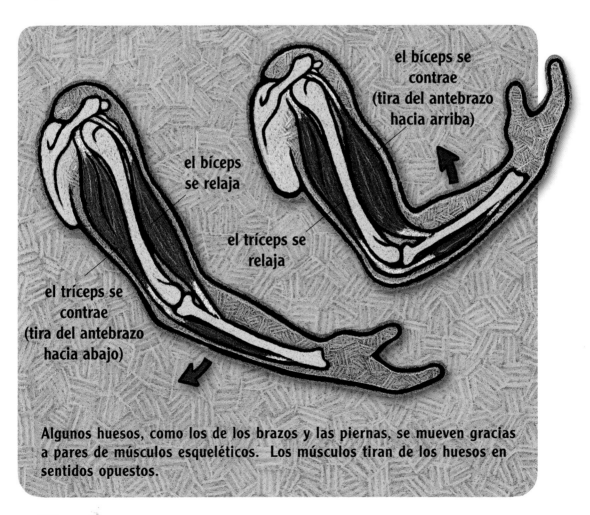

el bíceps se contrae (tira del antebrazo hacia arriba)

el bíceps se relaja

el tríceps se relaja

el tríceps se contrae (tira del antebrazo hacia abajo)

Algunos huesos, como los de los brazos y las piernas, se mueven gracias a pares de músculos esqueléticos. Los músculos tiran de los huesos en sentidos opuestos.

El bíceps y el tríceps tiran en direcciones opuestas para mover el antebrazo hacia arriba y hacia abajo.

En el brazo, el bíceps trabaja junto con un músculo llamado tríceps. Estos músculos están unidos a los huesos del antebrazo y el hombro. Cuando el bíceps se contrae, tira del antebrazo hacia arriba. Cuando el tríceps se contrae, tira del antebrazo hacia abajo.

En los movimientos complejos se usan cientos de músculos.

En la mayoría de los movimientos se necesitan
más de dos músculos. Cuando das un paso, ¡más de
trescientos músculos están funcionando al tiempo!

No todos los músculos esqueléticos están unidos a huesos únicamente. Unos están unidos a otros músculos y otros están unidos a la piel.

En la cara, los que están unidos a la piel son los que te permiten levantar las cejas. Otros pueden tirar de los extremos de la boca para formar una sonrisa.

Muchos músculos esqueléticos de la cara están unidos a la piel. Casi la cuarta parte de todos los músculos esqueléticos del cuerpo están en la cara.

Hay músculos esqueléticos de todo tipo de formas y tamaños. En el pecho hay músculos grandes con forma de abanico que permiten que los brazos se muevan desde el hombro. Bajo la caja torácica hay una lámina delgada de músculo que cambia la forma de tu pecho para que puedas respirar.

Muchos músculos esqueléticos son grandes y fuertes. Te permiten hacer movimientos grandes.

Los músculos de la pantorrilla te permiten correr.

Los músculos de la pantorrilla son algunos de los más fuertes del cuerpo. Te permiten saltar, caminar y correr.

La gran cantidad de músculos diferentes que tienes en las piernas te permiten moverlas de muchas formas distintas.

En el interior de las piernas se encuentran los músculos esqueléticos más largos. Van desde la cadera hasta el interior de la rodilla. Gracias a ellos, ¡te puedes sentar cruzando las piernas!

En la mano hay alrededor de 20 músculos pequeños. Con su ayuda puedes cerrar el puño, tocar el piano o levantar una moneda.

Unos músculos esqueléticos más pequeños y no tan fuertes controlan partes del cuerpo que se mueven poco.

Seis músculos mueven cada ojo y te permiten mirar en muchas direcciones. Mira a tu alrededor sin mover la cabeza. ¿Sientes cómo trabajan los músculos de los ojos?

Seis músculos controlan el movimiento de cada globo ocular.

Cuando los músculos esqueléticos se contraen una y otra vez, se cansan rápidamente. Deben descansar para poder volver a trabajar.

Los músculos esqueléticos son fuertes, pero cuando trabajan mucho, se cansan rápidamente. Intenta apretar una pelota de goma muchas veces. En poco tiempo, los músculos de la mano te empezarán a doler.

Después de un rato, no podrás volver a apretar la pelota ni una sola vez. Tus músculos estarán demasiado cansados para contraerse. Deja de apretar la pelota para que los músculos de la mano descansen. Pronto estarán listos para trabajar de nuevo.

CAPÍTULO 4

MÚSCULOS QUE SE MUEVEN SOLOS

Los vasos sanguíneos están hechos de músculo liso. ¿Puedes controlar el músculo liso?

El segundo tipo de músculo es el músculo liso. A diferencia del músculo esquelético, el músculo liso no se puede controlar. Se contrae solo, automáticamente. Así no tienes que pensar en cosas como digerir la comida.

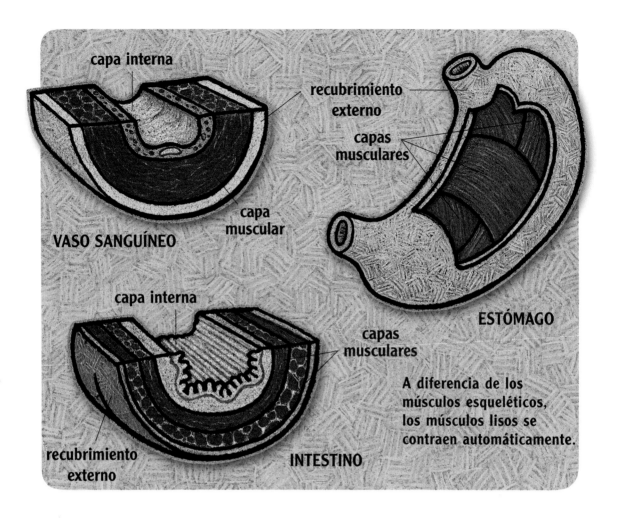

capa interna

recubrimiento externo

capas musculares

VASO SANGUÍNEO

capa muscular

ESTÓMAGO

capa interna

capas musculares

recubrimiento externo

INTESTINO

A diferencia de los músculos esqueléticos, los músculos lisos se contraen automáticamente.

Las paredes del estómago están hechas de músculo liso. También hay músculo liso en los vasos sanguíneos y en muchos otros órganos del cuerpo. Cuando tienes frío, unos músculos diminutos tiran de los vellos de la piel y ¡se te pone la piel de gallina!

Al microscopio, las fibras del músculo liso no se parecen a las del músculo esquelético. Además, funcionan de distinta manera. Los músculos esqueléticos se contraen con mucha rapidez, pero los lisos se contraen lenta y firmemente.

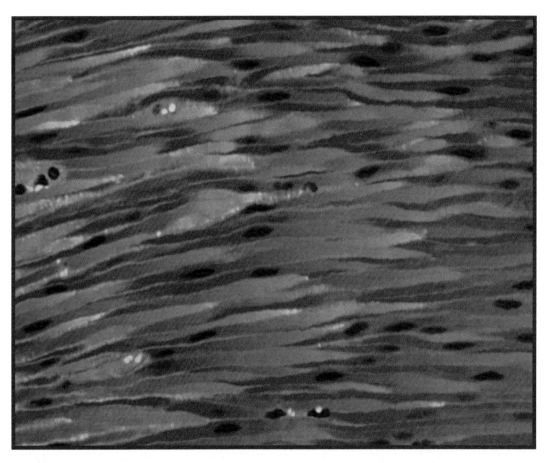

Las fibras de músculo liso terminan en punta. No tienen estrías como las fibras de músculo esquelético.

Tu estómago puede contener mucha comida porque los músculos lisos de sus paredes son elásticos.

Los músculos lisos suelen estar ordenados en láminas planas. ¡Una lámina de músculo liso se puede estirar mucho! Los músculos lisos de tu estómago se estiran para que quepa una comida grande.

CAPÍTULO 5

EL CORAZÓN

El músculo cardíaco se ha estado contrayendo desde mucho antes de que nacieras. ¿Cuánto tiempo seguirá contrayéndose?

El tercer tipo de músculo es el músculo cardíaco. El músculo cardíaco se encuentra sólo en las paredes del corazón. No puedes controlarlo. Se contrae automáticamente. Eso es bueno. Así no tienes que pensar en cada vez que tiene que latir.

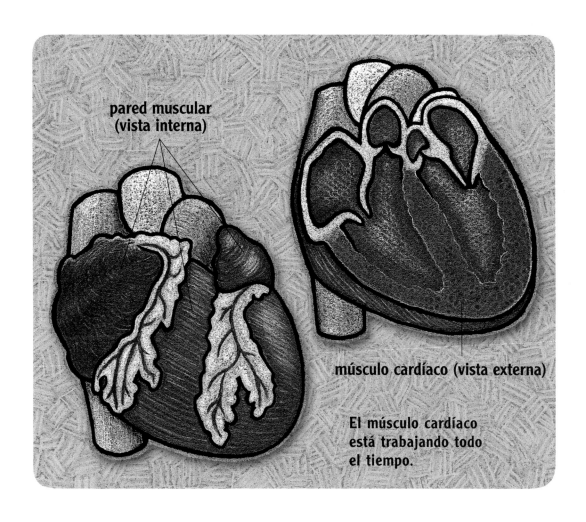

pared muscular
(vista interna)

músculo cardíaco (vista externa)

El músculo cardíaco
está trabajando todo
el tiempo.

Al microscopio, el músculo cardíaco se parece un poco al músculo esquelético, pero se diferencia en una cosa importante. El músculo cardíaco nunca se cansa. Se contrae aproximadamente 70 veces por minuto. Eso equivale a casi 100,000 veces al día. El músculo cardíaco nunca descansa.

Ponte la mano en el lado izquierdo del pecho. ¿Sientes el golpeteo? Son los latidos de tu corazón. Con cada latido, el fuerte músculo cardíaco se contrae.

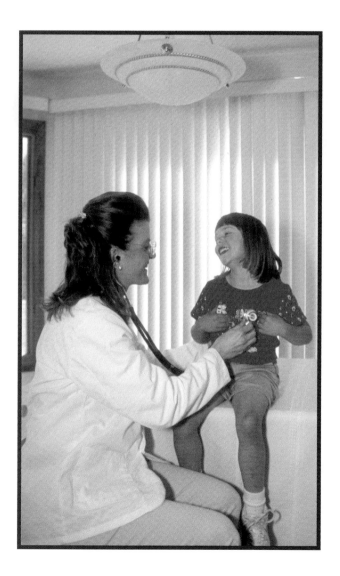

El corazón hace un sonido al latir: pum-bum, pum-bum. Cuando te haces un chequeo, el médico oye los latidos.

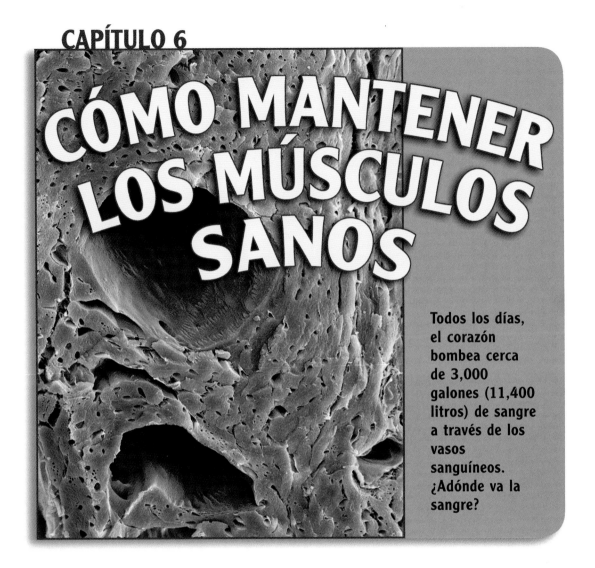

CAPÍTULO 6

CÓMO MANTENER LOS MÚSCULOS SANOS

Todos los días, el corazón bombea cerca de 3,000 galones (11,400 litros) de sangre a través de los vasos sanguíneos. ¿Adónde va la sangre?

Cada vez que el músculo cardíaco se contrae, bombea sangre del corazón a todo el cuerpo. La sangre transporta nutrientes a las células del cuerpo. Los nutrientes alimentan las células. Algunas de estas células son fibras musculares.

39

Los alimentos le dan a tu cuerpo los nutrientes que necesita.

Para funcionar bien, las células necesitan nutrientes. Los nutrientes vienen de los alimentos que comes. Al comer bien, mantienes sanos los músculos.

La sangre también transporta oxígeno a tus células. Con cada respiración, el oxígeno entra al cuerpo. Cuanto más trabajan tus músculos, más oxígeno necesitan.

A los músculos les conviene trabajar mucho. El ejercicio no te da más músculos, pero los músculos que tienes se vuelven más grandes y fuertes.

Cuando haces mucho ejercicio, respiras más rápida y profundamente. Eso hace que entre más oxígeno al cuerpo.

Sin ejercicio, los músculos se encogen y pierden fuerza. Piensa en lo que sucede cuando te enfermas y estás en cama muchos días. Cuando vuelves a levantarte y a caminar, los músculos están débiles.

Cuando tienes el brazo enyesado, no puedes usar los músculos. Entonces se debilitan.

Los músculos trabajan todo el tiempo para que puedas vivir y estar sano. ¡Incluso trabajan mientras duermes!

Probablemente no pienses mucho en los músculos. Pero ya sea que estés dormido o despierto, los músculos siempre están trabajando. En cualquier momento hay músculos que se contraen. Otros músculos se relajan, pero todos trabajan juntos. Los músculos hacen que tu cuerpo se mueva como debe hacerlo.

SOBRE COMPARTIR UN LIBRO

Al compartir un libro con un niño, le demuestra que leer es importante. Para aprovechar al máximo la experiencia, lean en un lugar cómodo y tranquilo. Apaguen el televisor y eviten otras distracciones, como el teléfono. Estén preparados para comenzar lentamente. Túrnense para leer distintas partes del libro. Deténganse de vez en cuando para hablar de lo que están leyendo. Hablen sobre las fotografías. Si el niño comienza a perder interés, dejen de leer. Cuando retomen el libro, repasen las partes que ya han leído.

DETECTIVE DE PALABRAS

La lista de la página 5 contiene palabras que son importantes para entender el tema de este libro. Conviértanse en detectives de palabras y búsquenlas mientras leen juntos el libro. Hablen sobre el significado de las palabras y cómo se usan en la oración. ¿Alguna de estas palabras tiene más de un significado? La definición de las palabras se encuentra en el glosario de la página 46.

¿QUÉ TAL UNAS PREGUNTAS?

Use preguntas para asegurarse de que el niño entienda la información de este libro. He aquí algunas sugerencias:

¿Qué nos dice este párrafo? ¿Qué muestra la imagen? ¿Qué crees que aprenderemos ahora? ¿Por qué el cuerpo necesita músculos? ¿Qué músculos puedes mover con sólo pensarlo? ¿Qué músculos se mueven solos? ¿Qué puedes hacer para mantener sanos los músculos? ¿Cuál es tu parte favorita del libro? ¿Por qué?

Si el niño tiene preguntas, no dude en responder con otras preguntas, como: ¿Qué crees *tú*? ¿Por qué? ¿Qué es lo que no sabes? Si el niño no recuerda algunos datos, consulten el índice.

PRESENTACIÓN DEL ÍNDICE

El índice le permite al lector encontrar información sin tener que revisar todo el libro. Consulte el índice de la página 48. Elija una entrada, por ejemplo *tendones*, y pídale al niño que use el índice para averiguar qué hacen los tendones. Repita este proceso con todas las entradas que desee. Pídale al niño que señale las diferencias entre un índice y un glosario. (El índice le sirve al lector para encontrar información, mientras que el glosario explica el significado de las palabras.)

APRENDE MÁS SOBRE
EL SISTEMA MUSCULAR

LIBROS

LeVert, Suzanne. *Bones and Muscles.* Nueva York: Benchmark Books, 2002. Explica cómo los músculos y los huesos trabajan juntos.

O'Brien-Palmer, Michelle. *Watch Me Grow: Fun Ways to Learn about Cells, Bones, Muscles, and Joints.* Chicago: Chicago Review Press, 1999. Este libro de actividades de ciencias explora los músculos, los huesos, las articulaciones y las células que los componen, en las que verdaderamente se produce el crecimiento.

Simon, Seymour. *Muscles: Our Muscular System.* Nueva York: HarperCollins, 1998. Muestra y describe nuestros músculos y sus funciones, además de los efectos del ejercicio.

Treays, Rebecca. *Understanding Your Muscles and Bones.* Tulsa, OK: EDC Publications, 1997. Proporciona información sobre los músculos y los huesos.

SITIOS WEB

Pathfinders for Kids: The Muscular System—The Bundles of Energy
http://infozone.imcpl.org/kids_musc.htm
Esta página Web tiene una lista de recursos que se puede usar para aprender más sobre el sistema muscular.

Your Gross and Cool Body—Muscular System
http://yucky.kids.discovery.com/flash/body/pg000123.html
Este sitio Web contiene información sobre los músculos y enlaces para aprender sobre otras funciones del cuerpo.

Your Multi-Talented Muscles
http://www.kidshealth.org/kid/body/muscles_noSW.html
Este divertido sitio Web contiene información sobre el sistema muscular, enlaces sobre otros sistemas y aparatos del cuerpo, películas, juegos y actividades.

GLOSARIO

bíceps: músculo de la parte anterior del brazo

células: unidades fundamentales más pequeñas de las estructuras del cuerpo

cerebro: órgano complejo de la cabeza que controla todos los procesos corporales

contraer: acortar o tirar

fibra muscular: célula del músculo

microscopio: instrumento para ver cosas muy pequeñas como si fueran más grandes

músculo cardíaco: músculo del corazón; se contrae automáticamente

músculo esquelético: músculo que se puede mover a voluntad

músculo liso: músculo que se contrae automáticamente

nervios: células que transportan mensajes entre el cerebro y el resto del cuerpo

nutrientes: alimento para las células

órganos: partes del cuerpo que cumplen funciones especiales; los pulmones, el estómago, el hígado y el cerebro son órganos

oxígeno: gas del aire que las células necesitan; lo transporta la sangre

tendones: bandas duras que conectan los músculos a los huesos

tríceps: músculo de la parte posterior del brazo

vasos sanguíneos: tubos por los que circula la sangre dentro del cuerpo

ÍNDICE

Las páginas indicadas en **negrita** hacen referencia a fotografías.